NÜTZLICHES KUCHEN-WISSEN

AUF DEM TITELBILD IST DAS REZEPT SÜSSER KIRSCHKUCHEN VON SEITE 18.

SCHNELL GERÜHRT

DIE KLEINEN KUCHEN KÖNNEN SIE (OHNE GLAS) AUCH PRIMA EINFRIEREN.

KLASSIKER GANZ KLEIN

SUPER-MINIS LASSEN SICH
SEHR GUT VORBEREITEN.

NEUENTDECKUNGEN

KUCHEN IM GLAS LIEBEN ES
KÜHL UND TROCKEN.
AM BESTEN IM KÜHLSCHRANK
AUFBEWAHREN.

NACHGEFRAGT: KUCHEN IM GLAS

WO BEKOMME ICH DIE PASSENDEN GLÄSER?

WIE BEREITE ICH DIE GLÄSER VOR?

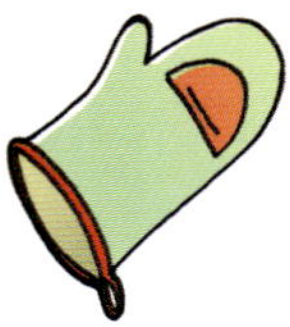

WAS MUSS ICH BEIM BACKEN BEACHTEN?

WIE KANN ICH DIE KUCHEN AUFBEWAHREN?

MUSS ICH DIE GLÄSER IMMER VERSCHLIESSEN?

Die verschließbaren Einmachgläser, die auch Weck-Gläser heißen, entweder im Haushaltswarengeschäft kaufen. Oder im 4-er-Karton direkt bei der Firma Weck bestellen. Adresse:
J. Weck GmbH u. Co. KG
Versand-Service
79664 Wehr-Öflingen
Tel.: 07761/935–69
Fax: 07761/57691
E-Mail: versand-service@weck.de.
Dort kosten sie mit Gummiringen und Klammern ca. 1 Euro pro Stück. Im Haushaltswarengeschäft sind sie etwas teurer. Ich empfehle zum Kuchenbacken Gläser mit 1/2 l, 1/4 l und 1/5 l Inhalt.

Gläser immer sorgfältig einfetten, am besten – wie in den Rezepten angegeben – mit Öl einpinseln. Sie können auch Margarine oder streichfähige Butter nehmen. Wer will, streut die Gläser zusätzlich noch mit Semmelbröseln oder gemahlenen Nüssen aus. So lassen sich die Kuchen besonders leicht stürzen. Wichtig: Glasrand, Deckel und Gummiring sollten auf jeden Fall fettfrei sein. Gummiringe am besten in eine Schüssel mit kaltem Wasser legen, während der Teig zubereitet wird.

Gläser grundsätzlich nur zu zwei Dritteln, maximal drei Vierteln mit Teig füllen und zum Backen auf den Rost in die Ofenmitte stellen. Kuchen nach Rezeptangabe backen. Vorsicht! Die Gläser werden sehr heiß. Zum Herausnehmen immer Küchenhandtuch oder Topflappen benutzen.

Ganz einfach: Gläser nach dem Backen sofort heiß verschließen. Dazu die angefeuchteten Gummiringe auf die Innenseite des Glasdeckels legen. Deckel zuklappen und zusätzlich mit 3 oder 4 Klammern befestigen. Die Kuchen im Glas kühl und trocken aufbewahren. Rührkuchen und Biskuits nach spätestens 4 Wochen genießen, Rührkuchen mit Obst nach ca. 2 Wochen.

Nein! Wer den Kuchen gleich essen will, lässt ihn offen im Glas abkühlen. Dann mit Messer oder Palette vom Glasrand lösen und stürzen. Das süße Stückchen können Sie nun sofort vernaschen oder aber füllen, glasieren und verzieren. Guten Appetit!

Verwandlungskünstler

GRUNDREZEPT FÜR DEN ALLROUNDER AUS DEM GLAS

200 g weiche Butter
150 g Zucker
1 EL Zitronensaft
4 Eier (Größe M)
150 g Mehl
1 TL Backpulver
75 g Speisestärke
Außerdem:
Öl und Semmelbrösel nach Belieben für die Gläser

Für 4 Gläser à 1/4 l Inhalt | Zubereitung **20 Min.** | Backzeit **35 Min.**
Pro Glas ca. **905 kcal, 11 g EW, 60 g F, 80 g KH**

1 Gläser mit Öl einpinseln, den Glasrand aussparen. Nach Belieben mit Semmelbröseln ausstreuen. Die Gummiringe zum Verschließen der Gläser in kaltes Wasser legen. Backofen auf 175° (Umluft 160°) vorheizen.

2 Die Butter mit Zucker und Zitronensaft cremig rühren. Die Eier nach und nach unterrühren. Das Mehl mit Backpulver und Speisestärke mischen, auf die Eiercreme sieben und locker unterrühren. Teig in die vorbereiteten Gläser füllen und auf dem Rost im Backofen (Mitte) 35 Min. backen.

3 Gläser mit Topflappen oder Küchentuch aus dem Ofen nehmen. Zum Aufbewahren die Gummiringe auf die Innenseite der Glasdeckel legen, Glasdeckel auflegen und die Kuchen im Glas mit den Klammern heiß verschließen. Die Kuchen an einem kühlen Ort aufbewahren. Sie halten sich 3–4 Wochen frisch. Zum Servieren Kuchen abkühlen lassen und aus den Gläsern stürzen.

WIE BEKOMME ICH DEN KUCHEN AM BESTEN AUS DEM GLAS?

Den abgekühlten Kuchen mit einer schmalen Palette oder einem Messer vom Glasrand lösen und dann vorsichtig stürzen.

6 SCHNELLE VARIANTEN

Der Basic-Kuchen von Seite 6 lässt sich ganz fix verwandeln – mal nussig, mal fruchtig, mal hochprozentig! Probieren Sie's aus!

RUMTÖPFCHEN 100 g Rumtopffrüchte auf einem Sieb abtropfen lassen. 1 EL Speisestärke mit 1 Prise Pimentpulver und 40 g geschälten, gemahlenen Mandeln vermischen. Den Teig wie im Grundrezept beschrieben zubereiten, die Stärkemischung unterrühren. Zum Schluss die Rumtopffrüchte locker unterheben. Teig in die vorbereiteten Gläser füllen und wie im Grundrezept beschrieben backen.

INGWER-KUCHEN 1 walnussgroßes Stück Ingwer schälen und auf der Rohkostreibe fein reiben. 50 g Pekan- oder Macadamianüsse fein hacken mit Ingwer und 1 EL Ahornsirup vermischen. 200 g weiche Butter mit 150 g Zucker, 1 EL Zitronensaft und 4 Eiern cremig rühren. Ingwer-Nussmischung unterrühren. 150 g Mehl mit 1 TL Backpulver und 50 g Speisestärke vermischen und locker unterheben. Teig in die vorbereiteten Gläser füllen und wie im Grundrezept beschrieben backen.

ESPRESSO-KARAMELL-KUCHEN 200 g weiche Butter mit 100 g Zucker, 100 ml Karamellsauce (Fertigprodukt), 3 TL Instant-Espressopulver und 4 Eiern verrühren. 150 g Mehl mit 1 TL Bakkpulver und 75 g Speisestärke mischen und locker unterheben. Teig in die vorbereiteten Gläser füllen und wie im Grundrezept beschrieben backen.

TEEKUCHEN 50 g gemischte Trockenfrüchte (Früchtemix, Fertigprodukt) mit 100 g Rosinen und 1 EL Orangenlikör vermischen. Den Teig wie im Grundrezept angegeben zubereiten. Die Fruchtmischung mit 40 g gehackten Mandeln vermischen und locker unterheben. Teig in die vorbereiteten Gläser füllen und wie im Grundrezept beschrieben backen.

NUSSKUCHEN 100 g gemahlene Haselnüsse mit 2 EL Semmelbröseln in einer Pfanne ohne Fett leicht anrösten und abkühlen lassen. Mit 1/4 TL Zimtpulver, 1 Prise Nelken und 2 Tropfen Bittermandelöl vermischen. 200 g weiche Butter mit 150 g Zucker und 4 Eiern cremig rühren. 150 g Mehl mit 1 TL Backpulver und der Nussmischung vermischen und unter den Teig heben. Teig in die vorbereiteten Gläser füllen und wie im Grundrezept beschrieben backen.

MARMORKUCHEN Teig wie im Grundrezept zubereiten. Ein Drittel des Teiges in eine Schüssel geben, 3 TL Kakaopulver und 2 EL Sahne oder Milch unterrühren. Die Hälfte des hellen Teiges in die vorbereiteten Gläser füllen. Dunklen Teig darauf verteilen, mit hellem Teig abdecken. Teige spiralförmig ineinander ziehen, glatt streichen und wie im Grundrezept beschrieben backen.

SCHNELL GERÜHRT

SCHOKOLADENKUCHEN

100 g Blockschokolade ++ 3 EL Sahne ++ 100 g weiche Butter ++ 3 Eier (Größe M) ++ 100 g Zucker ++ 200 g gemahlene Mandeln

Außerdem: Öl und 2 TL Kakaopulver für die Gläser

Für 3 Gläser à 1/4 l Inhalt | Zubereitung **20 Min.** | Backzeit **40 Min.**
Pro Glas ca. **1170 kcal, 23 g EW, 97 g F, 52 g KH**

---

1 Die Gläser mit Öl einpinseln und dünn mit Kakaopulver bestäuben. Den Backofen auf 160° (Umluft 140°) vorheizen.

2 Die Schokolade in Stücke brechen. Die Sahne in einem Topf leicht erwärmen, Schokolade und Butter hinzufügen und bei milder Hitze schmelzen lassen.

3 Die Eier trennen. Die Eiweiße mit 2 EL Zucker steif schlagen. Die Eigelbe mit dem restlichen Zucker verrühren. Die Schokoladencreme unterrühren. Eischnee und Mandeln unterheben. Den Teig in die Gläser füllen und auf dem Rost im Backofen (Mitte) 40 Min. backen.

4 Gläser aus dem Ofen nehmen. Zum Aufbewahren heiß verschließen, die Kuchen halten sich kühl gelagert mind. 4 Wochen. Zum Servieren Kuchen abgekühlt aus den Gläsern stürzen. Wer mag, bestäubt die Kuchen noch mit Puderzucker.

leicht und lecker

APFELKUCHEN
MIT SCHUSS

180 g Butter
3 Eier (Größe M)
180 g Zucker
1 EL Calvados (ersatzweise Zitronensaft)
200 g Mehl
1 TL Backpulver
3 mittelgroße Äpfel (600 g)
1 Päckchen Vanillezucker
1 EL Puderzucker
2 EL Mandelblättchen

Außerdem:
Öl für die Gläser

Für 4 Gläser à 1/4 l Inhalt | Zubereitung **25 Min.** | Backzeit **35–40 Min.**
Pro Glas ca. **995 kcal, 12 g EW, 59 g F, 105 g KH**

1 Die Gläser mit Öl einpinseln. Den Backofen auf 175° (Umluft 160°) vorheizen. Die Butter in einem Topf bei kleiner Hitze schmelzen lassen. Die Eier mit Zucker und Calvados schaumig rühren. Das Mehl mit Backpulver mischen und unterrühren. Die flüssige Butter unter den Teig rühren.

2 Die Äpfel waschen, schälen und vierteln. Das Kerngehäuse herausschneiden, die Viertel quer in feine Scheiben schneiden und mit dem Vanillezucker vermischen.

3 Den Teig und die Äpfel schichtweise in die Gläser füllen. Mit Teig abschließen. Kuchen auf dem Rost im Backofen (Mitte) 20 Min. backen. Dann Puderzucker und Mandelblättchen mischen und auf den Teigoberflächen verteilen. Kuchen weitere 15–20 Min. backen.

4 Gläser aus dem Ofen nehmen. Zum Aufbewahren heiß verschließen, die Kuchen halten sich kühl gelagert mind. 2 Wochen. Zum Servieren Kuchen abgekühlt aus den Gläsern stürzen.

STRACCIATELLA-
KUCHEN

weltmeisterlich

Öl für die Gläser ++ 100 g weiche Butter ++ 100 g Frischkäse ++ 150 g Zucker ++ 1 Päckchen Vanillezucker ++ 3 Eier (Größe M) ++ 225 g Mehl ++ 1 TL Backpulver ++ 100 g Schokoraspel

Für 4 Gläser à 1/4 l Inhalt | Zubereitung **20 Min.** | Backzeit **35 Min.**
Pro Glas ca. **900 kcal, 15 g EW, 53 g F, 91 g KH**

1 Die Gläser mit Öl einpinseln. Den Backofen auf 175° (Umluft 160°) vorheizen.

2 Die Butter mit Frischkäse, Zucker und Vanillezucker cremig rühren. Die Eier nach und nach unterrühren. Das Mehl mit dem Backpulver mischen und unter die Käsecreme rühren. Die Schokoraspel mit einem Löffel locker unterheben. Den Teig in die Gläser füllen und auf dem Rost im Backofen (Mitte) 35 Min. backen.

3 Gläser aus dem Ofen nehmen. Zum Aufbewahren heiß verschließen, die Kuchen halten sich kühl gelagert mind. 2 Wochen. Zum Servieren Kuchen abgekühlt aus den Gläsern stürzen.

LIMONCELLO-KUCHEN

joghurt-frisch

100 g weiche Butter
100 g Zucker | 2 Eier (Größe M)
150 g Naturjoghurt
75 ml Limoncello-Likör
1 TL abgeriebene Schale einer Bio-Limette
100 g Speisestärke
100 g Mehl
1 TL Backpulver

Außerdem:
Öl für die Gläser

Für 5 Gläser à 1/5 l Inhalt
Zubereitung **20 Min.** | Backzeit **30 Min.**
Pro Glas ca. **550 kcal, 6 g EW, 32 g F, 52 g KH**

1 Die Gläser mit Öl einpinseln. Den Backofen auf 175° (Umluft 160°) vorheizen. Die Butter mit dem Zucker cremig schlagen, die Eier nach und nach unterrühren. Joghurt, 50 ml Limoncello-Likör und die Limettenschale dazugeben. Speisestärke, Mehl und Backpulver mischen und unterrühren. Den Teig in die Gläser füllen und auf dem Rost im Backofen (Mitte) 30 Min. backen.

2 Gläser aus dem Ofen nehmen. Zum Aufbewahren heiß verschließen, die Kuchen halten sich kühl gelagert mind. 2 Wochen. Zum Servieren Kuchen abgekühlt aus den Gläsern stürzen, mit restlichem Limoncello-Likör beträufeln und mit Puderzucker bestäuben.

Endlich Sommer!

SÜSSER KIRSCHKUCHEN

600 g Süßkirschen
100 g Marzipanrohmasse
175 g weiche Butter
150 g Zucker
1 Tropfen Bittermandelöl
4 Eier (Größe M)
250 g Mehl | 1 TL Backpulver

Außerdem:
Öl für die Gläser

Für 6 Gläser à 1/4 l Inhalt | Zubereitung **35 Min.** | Backzeit **35–40 Min.**
Pro Glas ca. **700 kcal, 11 g EW, 37 g F, 79 g KH**

1 Die Gläser mit Öl einpinseln. Den Backofen auf 175° (Umluft 160°) vorheizen. Die Kirschen verlesen, waschen und entsteinen.

2 Die Marzipanrohmasse auf der Gemüsereibe grob reiben, mit Butter, Zucker und Bittermandelöl cremig rühren. Die Eier nach und nach unterrühren. Das Mehl mit Backpulver mischen und unterrühren. Die Kirschen unterheben. Den Teig in die Gläser füllen und auf dem Rost im Backofen (Mitte) 35–40 Min. backen.

3 Gläser aus dem Ofen nehmen. Zum Aufbewahren heiß verschließen, die Kuchen halten sich kühl gelagert mind. 2 Wochen. Zum Servieren Kuchen abgekühlt aus den Gläsern stürzen.

MEIN TAUSCH-TIPP
Wenn die Kirschensaison zu Ende ist, nehme ich **Sauerkirschen aus dem Glas** (700 g Inhalt): Früchte auf einem Sieb abtropfen lassen, mit 2 EL gemahlenen Mandeln vermischen und zum Schluss unter den Teig heben.

VARIANTE: KLEINER KIRSCHENPLOTZER

500 g Süßkirschen entsteinen. 3 Eiweiße steif schlagen. 50 g Butter mit 75 g Zucker, 3 Eigelben und 2 EL Kirschwasser schaumig schlagen. 150 g Semmelbrösel mit 50 g Mandeln, 1 TL Zimt, 1 Prise Nelken und 1/2 TL Backpulver mischen und unterrühren. Eischnee und Kirschen unterheben. Gläser fetten und mit Bröseln ausstreuen. Teig einfüllen und bei 175° (Umluft 160°) ca. 45 Min. backen.

CANTUCCINI-APRIKOSEN-KUCHEN

dolce vita im Glas

150 g Cantuccini (italienisches Mandelgebäck)
1 Dose Aprikosen (250 g Abtropfgewicht)
150 g weiche Butter
100 g Zucker
1 Päckchen Vanillezucker
3 Eier (Größe M)
100 g gemahlene Mandeln
125 g Mehl | 1 TL Backpulver

Außerdem:
Öl und 1 EL gemahlene Mandeln für die Gläser

Für 4 Gläser à 1/4 l Inhalt | Zubereitung **20 Min.** | Backzeit **30–35 Min.**
Pro Glas ca. **1035 kcal, 17 g EW, 67 g F, 89 g KH**

1 Die Gläser mit Öl einpinseln und mit gemahlenen Mandeln ausstreuen. Den Backofen auf 175° (Umluft 160°) vorheizen. Cantuccini in einen Gefrierbeutel geben und mit dem Nudelholz zerdrücken. Aprikosen auf einem Sieb abtropfen lassen.

2 Die Butter mit Zucker, Vanillezucker und Eiern schaumig rühren. Cantuccinibrösel mit Mandeln, Mehl und Backpulver mischen und unterrühren. Die Hälfte des Teiges in die Gläser füllen, Aprikosenhälften mit der Wölbung nach unten darauf legen. Restlichen Teig in die Gläser füllen. Kuchen auf dem Rost im Backofen (Mitte) 30–35 Min. backen.

3 Gläser aus dem Ofen nehmen. Zum Aufbewahren heiß verschließen, die Kuchen halten sich kühl gelagert mind. 2 Wochen. Zum Servieren Kuchen abgekühlt aus den Gläsern stürzen. Wer mag, bestreut die Kuchen zusätzlich mit Puderzucker.

quick and easy

EXOTISCHER FRÜCHTEKUCHEN

1 Bio-Limette
150 g Tropical-Früchte-Mix (Soft-Trockenfrüchte)
200 ml Öl
180 g brauner Zucker
4 Eier (Größe M)
250 g Mehl | 1 TL Backpulver

Außerdem:
Öl für die Gläser

Für 2 Gläser à 1/2 l Inhalt | Zubereitung **25 Min.** | Backzeit **40–45 Min.**
Pro Glas ca. **1940 kcal, 28 g EW, 105 g F, 216 g KH**

1 Die Gläser mit Öl einpinseln. Den Backofen auf 175° (Umluft 160°) vorheizen. Die Limette heiß waschen, trockentupfen, die Schale abreiben, den Saft auspressen. Limettensaft und -schale mit dem Tropical-Früchte-Mix vermischen.

2 Das Öl mit dem braunen Zucker und den Eiern schaumig rühren. Das Mehl mit Backpulver mischen und unterrühren. Den Früchtemix unterheben. Den Teig in die Gläser füllen und auf dem Rost im Backofen (Mitte) 40–45 Min. backen.

3 Gläser aus dem Ofen nehmen. Zum Aufbewahren heiß verschließen, die Kuchen halten sich kühl gelagert mind. 4 Wochen. Zum Servieren Kuchen abgekühlt aus den Gläsern stürzen.

MEIN TAUSCH-TIPP

Eine **leicht orientalische Note** bekommt der Kuchen, wenn Sie 2 Prisen Safran unter den Teig rühren. Außerdem den Tropical-Früchte-Mix durch 150 g gemischte gewürfelte Trockenfrüchte wie Aprikosen, Datteln und Feigen ersetzen.

WO BEKOMME ICH DEN TROPICAL-FRÜCHTE-MIX HER?

Die Trockenfrüchte gibt es im Reformhaus, Bioladen oder in gut sortierten Lebensmittelgeschäften. Der Kuchen schmeckt auch gut mit 150 g klein gewürfelten kandierten Früchten wie z. B. Ananas, Papaya oder Mango.

KLASSIKER GANZ KLEIN

MOHN-SCHOKO-KUCHEN

50 g Zartbitter-Schokolade (70 % Kakaoanteil) ++ 3 Eier (Größe M) ++ 100 g Zucker ++ 100 g weiche Butter ++ 100 g gemahlene Mandeln ++ 2 EL Speisestärke ++ 100 g gemahlener Mohn ++ 100 g Puderzucker ++ 1 EL Rum (ersatzweise Orangensaft) ++ Schokofrüchte oder kandierte Ananasstückchen zum Garnieren

Außerdem: Öl und gemahlene Mandeln für die Gläser

Für 4 Gläser à 1/5 l Inhalt | Zubereitung **20 Min.** | Backzeit **35–40 Min.**
Pro Glas ca. **920 kcal, 16 g EW, 66 g F, 64 g KH**

1 Gläser mit Öl einpinseln und mit gemahlenen Mandeln ausstreuen. Den Backofen auf 175° (Umluft 160°) vorheizen. Schokolade grob raspeln.

2 Die Eier trennen. Eiweiße steif schlagen, 50 g Zucker unter Rühren einrieseln lassen. Butter mit übrigem Zucker und Eigelben schaumig schlagen. Mandeln, Speisestärke, Mohn und Schokoraspel unterrühren. Eischnee unterheben. Den Teig in die Gläser füllen und auf dem Rost im Backofen (Mitte) 35–40 Min. backen.

3 Gläser aus dem Ofen nehmen. Zum Aufbewahren heiß verschließen, die Kuchen halten sich kühl gelagert mind. 4 Wochen. Zum Servieren Kuchen abgekühlt aus den Gläsern stürzen. Zum Garnieren den Puderzucker mit Rum und ca. 2 EL Wasser zu einer dickflüssigen Glasur verrühren. Kuchen damit bestreichen und mit den Schoko- oder kandierten Früchten verzieren.

ganz einfach

KÄSEKUCHEN
MIT AMARETTINI

Öl für die Gläser ++ 75 g weiche Butter ++ 75 g Zucker ++ 1 Päckchen Vanillezucker ++ 500 g Magerquark ++ 1 Päckchen Vanillepuddingpulver (zum Kochen) ++ 1 EL Mehl ++ 2 Eier (Größe M) ++ 150 g Amarettini ++ Puderzucker zum Bestäuben

Für 2 Gläser à 1/2 l Inhalt | Zubereitung **20 Min.** | Backzeit **35–40 Min.**
Pro Glas ca. **1185 kcal, 46 g EW, 52 g F, 74 g KH**

1 Die Gläser mit Öl einpinseln. Den Backofen auf 175° (Umluft 160°) vorheizen. Die Butter mit Zucker und Vanillezucker verrühren. Quark, Vanillepuddingpulver und Mehl dazugeben und rühren, bis die Masse schön cremig ist. Eier nach und nach unterrühren.

2 Die Hälfte der Käsecreme in die Gläser füllen, Amarettini darauf verteilen und mit der restlichen Käsecreme bedecken. Auf dem Rost im Backofen (Mitte) 35–40 Min. backen.

3 Gläser aus dem Ofen nehmen. Zum Aufbewahren heiß verschließen, die Kuchen halten sich kühl gelagert mind. 2 Wochen. Zum Servieren Kuchen abgekühlt aus den Gläsern stürzen und mit Puderzucker bestäuben.

Verführer im Kleinformat

SACHERTORTE

200 g Zartbitter-Schokolade (65 % Kakaoanteil)
4 Eier (Größe M)
100 g Zucker
100 g weiche Butter
75 g Puderzucker
100 g Mehl
50 g gemahlene Mandeln
100 g Johannisbeergelee

Außerdem:
Öl und 1 EL Kakaopulver für die Gläser

Für 4 Gläser à 1/4 l Inhalt | Zubereitung **40 Min.** | Backzeit **35–40 Min.**
Pro Glas ca. **1095 kcal, 15 g EW, 65 g F, 113 g KH**

1 Die Gläser mit Öl einpinseln und mit Kakaopulver bestäuben. Den Backofen auf 175° (Umluft 160°) vorheizen. 100 g Schokolade in Stücke brechen und über einem heißen Wasserbad schmelzen lassen.

2 Die Eier trennen. Eiweiße steif schlagen, dabei 50 g Zucker einrieseln lassen. Butter mit Puderzucker und Eigelben schaumig schlagen. Geschmolzene Schokolade unterrühren. Das Mehl mit den Mandeln vermischen und mit dem Eischnee unter die Schokoladenmasse ziehen. Den Teig in die Gläser füllen und auf dem Rost im Backofen (Mitte) 35–40 Min. backen.

3 Gläser aus dem Ofen nehmen. Zum Aufbewahren heiß verschließen, die Kuchen halten sich kühl gelagert mind. 6 Wochen. Zum Servieren Kuchen abgekühlt aus den Gläsern stürzen. Johannisbeergelee glatt rühren. Kuchen damit bestreichen. Restliche Schokolade in Stücke brechen. 50 ml Wasser mit restlichem Zucker in einem Topf erhitzen, Schokolade dazugeben und alles bei mittlerer Hitze unter ständigem Rühren 2 Min. köcheln lassen. Die Kuchen gleichmäßig damit überziehen.

schnell was Fruchtiges

OBST-TARTELETTS

30 g Butter
3 Eier (Größe M)
75 g Zucker
75 g Puderzucker
100 g Mehl

Für den Belag:
300 g frische Beeren (z. B. Himbeeren)
3 EL Mangosirup (ersatzweise Aprikosenkonfitüre)
150 g Sahne | 100 g Mascarpone
2 EL Kokosraspel

Außerdem:
Öl für die Gläser

Für 2 Gläser à 1/2 l Inhalt | Zubereitung **20 Min.** | Backzeit **25–30 Min.**
Pro Glas ca. **1420 kcal, 22 g EW, 86 g F, 138 g KH**

1 Die Gläser mit Öl einpinseln. Den Backofen auf 175° (Umluft 160°) vorheizen. Die Butter bei sanfter Hitze zerlassen.

2 Die Eier trennen. Eiweiße mit dem Zucker steif schlagen. Eigelbe mit dem Puderzucker verrühren und unterrühren. Das Mehl darüber sieben und locker unterheben. Die Gläser mit dem Biskuitteig füllen. Biskuit auf dem Rost im Backofen (Mitte) 25–30 Min. backen.

3 Gläser aus dem Ofen nehmen. Zum Aufbewahren heiß verschließen, die Biskuitkuchen halten sich kühl gelagert ca. 6 Wochen. Zum Servieren Beeren verlesen. Biskuit abgekühlt aus den Gläsern stürzen und in jeweils 4 Scheiben schneiden. Jeweils Oberfläche und Rand der Biskuitscheiben mit 2 EL Mangosirup beträufeln. Sahne steif schlagen, Mascarpone und restlichen Mangosirup unterrühren. Mascarpone-Sahne auf den Biskuitscheiben verteilen, mit den Beeren belegen. Kuchen mit Kokosraspeln bestreuen.

UND WENN DIE BEERENSAISON VORBEI IST?

Dann belege ich die Tarteletts mit Obst aus der Dose z. B. mit Mangos, Mandarinen oder Pfirsichen – ein kleiner Trost, wenn der Sommer zu Ende ist!

grenzenlos gut

SCHWARZWÄLDER-KIRSCH-MINIS

3 Eier (Größe M)
150 g Zucker
100 g Mehl
2 EL Kakaopulver
1 Becher Kirschgrütze (500 g)
4 EL Kirschwasser
400 g Sahne
2 Päckchen Sahnesteif
2 EL Puderzucker
50 g Schokoraspel
4 frische Kirschen mit Stiel oder Belegkirschen zum Garnieren

Außerdem:
Öl für die Gläser

Für 4 Gläser à 1/4 l Inhalt | Zubereitung **25 Min.** | Backzeit **25 Min.**
Pro Glas ca. **965 kcal, 11 g EW, 53 g F, 99 g KH**

1 Die Gläser mit Öl einpinseln. Den Backofen auf 175° (Umluft 160°) vorheizen.

2 Die Eier trennen. Eiweiße steif schlagen, dann den Zucker unter Rühren einrieseln lassen und anschließend die Eigelbe unterrühren. Das Mehl mit Kakaopulver mischen, über die Eiercreme sieben und locker unterheben. Den Teig in die Gläser füllen und auf dem Rost im Backofen (Mitte) 25 Min. backen.

3 Gläser aus dem Ofen nehmen. Zum Aufbewahren heiß verschließen, die Kuchen halten sich kühl gelagert mind. 6 Wochen. Zum Servieren Biskuitkuchen abgekühlt aus den Gläsern stürzen und quer halbieren. Die Kirschgrütze mit 2 EL Kirschwasser verrühren. Sahne mit Sahnesteif und Puderzucker steif schlagen. Restliches Kirschwasser mit 3 EL Wasser mischen. Biskuithälften damit beträufeln. Die Kirschgrütze auf die unteren Biskuithälften verteilen. »Deckel« aufsetzen und leicht festdrücken. Kuchen mit Sahne überziehen, mit Schokoraspeln bestreuen und mit Kirschen garnieren.

SCHOKO-KOKOS-KUCHEN

Hilft gegen Fernweh

100 ml Kokosmilch (aus der Dose)
100 g weiße Schokolade
75 ml Öl
75 g Zucker
2 Eier (Größe M)
1 TL abgeriebene Schale einer Bio-Zitrone
100 g Kokosraspel
100 g Mehl | 1 TL Backpulver
2 EL Kokoslikör oder -sirup (Fertigprodukt)

Außerdem:
Öl und Kokosraspel für die Gläser

Für 4 Gläser mit 1/4 l Inhalt | Zubereitung **25 Min.** | Backzeit **30–35 Min.**
Pro Glas ca. **845 kcal, 10 g EW, 64 g F, 55 g KH**

1 Die Gläser mit Öl einpinseln und dünn mit Kokosraspeln ausstreuen. Backofen auf 175° (Umluft 160°) vorheizen. Kokosmilch leicht erwärmen, Schokolade in Stücken darin schmelzen lassen.

2 Das Öl mit Zucker, Eiern und Zitronenschale verrühren. Schoko-Kokosmilch unterrühren. Die Kokosraspel mit Mehl und Backpulver mischen und locker unterheben. Den Teig in die Gläser füllen und auf dem Rost im Backofen (Mitte) 30–35 Min. backen.

3 Gläser aus dem Ofen nehmen. Zum Aufbewahren heiß verschließen, die Kuchen halten sich kühl gelagert mind. 4 Wochen. Zum Servieren Kuchen abgekühlt aus den Gläsern stürzen. Die Kuchen rundherum mit Kokoslikör oder -sirup bestreichen. Wer mag, bestreut sie noch mit Kokosraspeln.

MEIN DEKO-TIPP

Für besondere Gelegenheiten überziehe ich den Kuchen mit **Kokossahne**. Dafür 200 g Sahne schlagen, 2 EL Kokossirup unterrühren. Die Kuchen damit überziehen und mit Kokosraspeln bestreuen.

NEU-
ENTDECKUNGEN

RICOTTA-MANDEL-KUCHEN

1 Bio-Limette ++ 85 g Zucker ++ 3 Eier (Größe M) ++ 75 g weiche Butter ++ 150 g Ricotta (italienischer Frischkäse) ++ 2 EL Speisestärke ++ 100 g gemahlene Mandeln ++ Puderzucker zum Bestäuben ++ Minzeblättchen zum Garnieren

Außerdem: Öl für die Gläser

Für 4 Gläser à 1/4 l Inhalt | Zubereitung **20 Min.** | Backzeit **25–30 Min.**
Pro Glas ca. **620 kcal, 14 g EW, 51 g F, 26 g KH**

1 Die Gläser mit Öl einpinseln. Backofen auf 175° (Umluft 160°) vorheizen. Limette heiß waschen, trockentupfen. Schale abreiben, Saft auspressen. Die Hälfte der Limettenschale mit 1 EL Zucker mischen.

2 Die Eier trennen. Die Eiweiße steif schlagen, 1 EL Zucker einrieseln lassen. Die Butter mit übrigem Zucker und Ricotta glatt rühren. Limettensaft und -schale ohne Zucker und die Eigelbe unterrühren. Eischnee, Speisestärke und Mandeln unterheben. Den Teig in die Gläser füllen und auf dem Rost im Backofen (Mitte) 25–30 Min. backen.

3 Gläser aus dem Ofen nehmen. Zum Aufbewahren heiß verschließen, die Kuchen halten sich kühl gelagert mind. 2 Wochen. Zum Servieren Kuchen abgekühlt aus den Gläsern stürzen. Mit Puderzucker bestäuben, mit Limetten-Zucker und Minzeblättchen garnieren.

Morning-Starter

KERNIGER FRÜHSTÜCKS-KUCHEN

je 50 g Sonnenblumen- und Kürbiskerne
je 1 EL Sesamsamen u. Leinsamenschrot
50 g gehackte Mandeln
200 g Magerquark
1 EL Zitronensaft
50 g Zucker
1 Ei
50 ml Milch
100 ml Öl
300 g Dinkelmehl (Type 600)
2 TL Backpulver

Außerdem:
Öl für die Gläser

Für 2 Gläser à 1/2 l Inhalt und 1 Glas á 1/4 l Inhalt | Zubereitung **20 Min.** | Backzeit **35 Min.**
Pro Glas mit 1/4 l Inhalt ca. **660 kcal, 23 g EW, 39 g F, 54 g KH**

1 Die Gläser mit Öl einpinseln. Den Backofen auf 175° (Umluft 160°) vorheizen. Die Sonnenblumenkerne und Kürbiskerne grob hacken, mit den Sesamsamen, dem Leinsamenschrot und den gehackten Mandeln mischen.

2 Den Magerquark mit Zitronensaft, Zucker, Ei, Milch und Öl glatt rühren. Das Mehl mit dem Backpulver mischen und mit dem Kerne-Mix unterrühren. Den Teig in die Gläser füllen und auf dem Rost im Backofen (Mitte) 35 Min. backen.

3 Gläser aus dem Ofen nehmen. Zum Aufbewahren heiß verschließen, die Kuchen halten sich kühl gelagert mind. 4 Wochen. Zum Servieren Kuchen abgekühlt aus den Gläsern stürzen.

MEIN TIPP

Zum **Sofort-Vernaschen** Teig auf 2 Gläser mit 1/2 l Inhalt verteilen. Der Kuchen geht schön auf und sieht mit »Häubchen« sehr gut aus, lässt sich dann allerdings nicht mehr verschließen.

COFFEE-CREAM-CAKE

für hitzige Sommertage

4 Blatt Gelatine
200 ml starker Kaffee
50 ml Kaffeesahne
2 EL Rohrzuckersirup (ersatzweise 50 g brauner Zucker)
16 Löffelbiskuits
250 g Sahne
1 EL Kaffeelikör (nach Belieben)

Für 2 Gläser à 1/2 l Inhalt | Zubereitung **20 Min.** | Gelierzeit **1 Std.** | Kühlzeit **1 Std.**
Pro Glas ca. **730 kcal, 10 g EW, 45 g F, 69 g KH**

1 Die Gelatine in kaltem Wasser einweichen. Den Kaffee mit Kaffeesahne und Zuckersirup erwärmen. Eingeweichte Gelatine leicht ausdrücken und unter Rühren im Kaffeesirup auflösen. Zum Gelieren knapp 1 Std. in den Kühlschrank stellen.

2 Die Löffelbiskuits in die Gläser stellen. Die Sahne steif schlagen, den gelierenden Kaffeesirup nach Belieben mit dem Kaffeelikör verrühren und nach und nach unter die Sahne rühren.

3 Die Sahne-Kaffee-Creme in die Gläser füllen und im Kühlschrank mind. 1 Std. kühl stellen. Zum Servieren den gut gekühlten Coffee-Cream-Cake vorsichtig aus den Gläsern stürzen, in Scheiben schneiden und mit 1 Tässchen Espresso servieren.

MEIN TAUSCH-TIPP

Statt Löffelbiskuits schmecken auch **Waffel-Schoko-Röllchen** (pro Glas 12 Stück). Zusätzlich rühre ich manchmal auch noch 50 g **Schokotröpfchen** unter die gelierende Kaffeecreme.

KANN ICH DEN CREMIGEN KUCHEN AUCH AUFBEWAHREN?

Ja, sehr gut! Am besten die Gläser gleich nach dem Einfüllen der Creme verschließen. So bleibt der Coffee-Cream-Cake im Kühlschrank 1 Woche frisch.

ROSENKUCHEN

für Freunde

100 ml Milch
100 g Butter
2 Eier (Größe M)
300 g Mehl
1 Päckchen Trockenhefe
50 g Zucker
je 100 g gemahlene und gehackte Haselnüsse
60 g Puderzucker
1/4 TL Zimtpulver
1 Prise Nelkenpulver
1 TL Kakaopulver
2 EL Sahne
2 EL Aprikosenkonfitüre

Außerdem:
Öl für die Gläser

Für 6 Gläser mit 1/4 l Inhalt | Zubereitung **30 Min.** | Ruhe- und Kühlzeit **60 Min.**
Backzeit **20–25 Min.** | Pro Glas ca. **780 kcal, 21 g EW, 51 g F, 67 g KH**

1 Die Milch erwärmen, die Butter darin zerlassen. Die Eier trennen, Eiweiße kühl stellen. Mehl mit der Hefe mischen. Zucker, Milch mit Butter und Eigelbe hinzufügen und schnell verkneten. Zugedeckt 30 Min. gehen lassen.

2 Die Gläser mit Öl einpinseln. Backofen auf 175° (Umluft 160°) vorheizen. Haselnüsse ohne Fett anrösten. Mit 50 g Puderzucker, Zimt, Nelken- und Kakaopulver vermischen. Eiweiße verquirlen, Nussmischung unterrühren. Hefeteig durchkneten und zu einem Rechteck (26 x 40 cm) ausrollen. Das Rechteck mit Sahne bestreichen, Nussmischung darauf verteilen. Teig quer einrollen und 30 Min. kühl stellen. Die Rolle in 6 gleichgroße Teile schneiden und jeweils in die Gläser füllen. Kuchen auf dem Rost im Ofen (Mitte) 20–25 Min. backen.

3 Gläser aus dem Ofen nehmen. Kuchen sofort mit der Konfitüre bestreichen. Zum Aufbewahren heiß verschließen, die Kuchen halten sich kühl gelagert mind. 4 Wochen. Zum Servieren Kuchen abgekühlt aus den Gläsern stürzen und mit restlichem Puderzucker bestäuben.

VARIANTE: TRIO-KUCHEN

Den aufgegangenen Hefeteig in 6 gleichgroße Stücke teilen und in die vorbereiteten Gläser füllen. 100 g Speisequark mit 1 EL Vanille-Puddingpulver und 1 EL Puderzucker vermischen. 100 g Mohnback mit 1 EL Sahne verrühren. 100 g Aprikosenkonfitüre glatt rühren. Jeweils 1 Klecks Quark, Mohn und Konfitüre auf dem Teig verteilen. Trio-Kuchen auf dem Rost im Backofen 20–25 Min. backen.

orientalisch

PISTAZIEN-KUCHEN MIT ROSENWASSER

100 g Pistazienkerne
4 EL Rosenwasser
3 Eier (Größe M)
125 g weiche Butter
100 g Puderzucker
1 EL Limettensaft
100 g Mehl | 1 TL Backpulver
75 g Speisestärke
2 EL Rohrzuckersirup (ersatzweise Puderzucker)

Außerdem:
Öl für die Gläser

Für 3 Gläser à 1/4 l Inhalt | Zubereitung **20 Min.** | Backzeit **40–45 Min.**
Pro Glas ca. **850 kcal, 17 g EW, 58 g F, 69 g KH**

1 Die Gläser dünn mit Öl einpinseln. Den Backofen auf 175° (Umluft 160°) vorheizen. Die Pistazien fein mahlen und mit 2 EL Rosenwasser vermischen.

2 Die Eier trennen, die Eiweiße steif schlagen. Die Butter mit Puderzucker, Eigelben und Limettensaft cremig rühren. Pistazien unterrühren. Das Mehl mit Backpulver und Speisestärke mischen und unter die Pistaziencreme rühren. Den Eischnee locker unterheben. Den Teig in die Gläser füllen und auf dem Rost im Backofen (Mitte) 40–45 Min. backen.

3 Gläser aus dem Ofen nehmen. Zum Aufbewahren heiß verschließen, die Kuchen halten sich kühl gelagert mind. 4 Wochen. Zum Servieren Kuchen abgekühlt aus den Gläsern stürzen. Rohrzuckersirup mit restlichem Rosenwasser mischen. Mit einem Holzstäbchen kleine Löcher in die Kuchen stechen und Kuchen mit dem Sirup beträufeln.

MEIN SPEED-TIPP

Wenn's schneller gehen soll, nehme ich statt Pistazien **gemahlene Mandeln**.

MEIN SERVIER-TIPP

Zum Pistazien-Kuchen passt **Joghurtsahne**. Kuchen in Scheiben schneiden. 150 g Sahne steif schlagen, 100 g Joghurt und 1 TL Limettensaft unterrühren. Die Joghurtsahne mit den Kuchenscheiben anrichten und mit Pistazien bestreut servieren.

Die Autorin

Christa Schmedes arbeitet seit vielen Jahren für Zeitschriften und Buchverlage. Mit Leidenschaft und Phantasie widmet sie sich dabei besonders gern ihrem Lieblingsthema Backen – von Plätzchen bis zu großen Torten. Ihre kreativen Rezeptideen setzt sie als Food-Stylistin in den Studios namhafter Fotografen auch häufig selbst ins rechte Licht.

Die Fotografin

Barbara Bonisolli gehört zu der jungen Generation der Foodfotografen. Neben gutem Essen gilt ihr Interesse allen schönen Dingen rund um Tisch und Küche. Das ansprechende Ambiente für ihre Fotos gestaltet Barbara Bonisolli deshalb selbst. Zu ihrem Kundenkreis gehören Zeitschriften und Kochbuchverlage, daneben arbeitet sie für Werbung und Industrie.

Bildnachweis

Titelfoto und U4: Klaus-Maria Einwanger, Rosenheim;
alle anderen: Barbara Bonisolli, München

Die Temperaturangaben bei Gasherden variieren von Hersteller zu Hersteller. Welche Stufe Ihres Herdes der jeweils angegebenen Temperatur entspricht, entnehmen Sie bitte der Gebrauchsanweisung. Bei Elektroherden können die Backzeiten je nach Herd variieren.

Programmleitung: Doris Birk
Leitende Redakteurin: Stephanie Wenzel
Redaktion: Stefanie Poziombka
Lektorat: Susanne Bodensteiner
Korrektorat: Susanne Elbert
Layout, Typographie und Umschlaggestaltung: Lucie Schmid, independent Medien-Design, München
Illustrationen Seite 4, 48 und U3: Harold Lazaro, Backyard10, München; außer S. 4, vierte von oben: Betti Trummer, Karlsruhe
Satz: Filmsatz Schröter, München
Herstellung: Gloria Pall
Reproduktion: Penta Repro, München
Druck und Bindung: Druckhaus Kaufmann, Lahr

ISBN 978-3-8338-0660-5

1. Auflage 2007

GRÄFE UND UNZER

Ein Unternehmen der
GANSKE VERLAGSGRUPPE

DAS ORIGINAL MIT GARANTIE

Ihre Meinung ist uns wichtig. Deshalb möchten wir Ihre Kritik, aber auch Ihr Lob erfahren, um als führender Ratgeberverlag noch besser zu werden. Darum schreiben Sie uns! Wir freuen uns auf Ihre Post und wünschen Ihnen viel Spaß mit Ihrem GU-Ratgeber.

Unsere Garantie: Sollte ein GU-Ratgeber einmal einen Fehler enthalten, schicken Sie uns das Buch mit einem kleinen Hinweis und der Quittung innerhalb von sechs Monaten nach dem Kauf zurück. Wir tauschen Ihnen den GU-Ratgeber gegen einen anderen zum selben oder ähnlichen Thema um.

GRÄFE UND UNZER VERLAG

Redaktion Kochen & Verwöhnen

Postfach 86 03 13
81630 München
Fax: 0 89/4 19 81-113

oder schreiben Sie uns eine E-Mail:
leserservice@graefe-und-unzer.de

100 JAHRE GANSKE VERLAGSGRUPPE

ÜBER DEN TELLERRAND

 **1 In aller Frische** Die Idee, Lebensmittel in Behälter zu packen, um sie haltbarer zu machen, ist jahrhundertealt. Denn schon um 1700 versuchte der französische Universalgelehrte Denis Papin, Gelees und Kochfleisch durch Erhitzen zu konservieren. Er benutzte Kupfertöpfe, die er mit Kitt abdichtete.  **2 Preis-Wert** Um seine Truppen auf Kriegszügen besser versorgen zu können, war Napoléon Bonaparte an der Haltbarmachung von Lebensmitteln interessiert. Um dem Erfindergeist seiner Untertanen auf die Sprünge zu helfen, setzte er einen Preis von 12 000 Goldfrancs aus – für die Erfindung eines Verfahrens zum Konservieren von Lebensmitteln. Das Geld gewann 1810 der französische Konditor und Zuckerbäcker Francois Nicolas Appert. Er hatte bereits rund 20 Jahre zuvor entdeckt, dass Lebensmittel durch Erhitzen in geschlossenen Behältern haltbarer werden.  **3 Aufgeweckt** Der Gelsenkirchener Chemiker Dr. Rudolf Rempel entwickelte zum Konservieren von Nahrungsmitteln in den 80er Jahren des 19. Jahrhunderts Gläser mit glattgeschliffenen Rändern. Sie konnten mit Gummiring und